JN408979

그리움의 사계

님께 드립니다

그리움의 사계

윤갑수 제2시집

희망의 씨앗을 심듯 시의 언어로
하얀 종이에 차곡차곡 사계절의
그리움을 녹여 내린다

도서출판 천우

무더운 여름날 마스크를 쓰고 집을 나서야하는 암울한 현실 속 시어를 찾기 위해 시인들은 묵언으로 침묵해야 했다.

3년 전 성황리에 치러진 시집 『바람길』 출판기념회가 새삼 떠오른다. 벌써 세월이 흘러 50대를 뒤로하고 60대에 들어서니 어느새 아버지의 나이가 되어있었다.

이렇게 제2시집 『그리움의 사계』를 출판하게 되어 기쁘기 한량없다. 올해는 참으로 힘든 한해였다. 여름날의 폭염과 코로나19로 인한 고통 속에서도 꽃을 피울 수 있도록 내조해준 사랑하는 아내와 99세이신 우리 어머니께 이 시집을 바칩니다.

시인은 독자님들의 사랑을 먹고 산다고 합니다. 그리움의 사계 시집을 접하는 독자님들에게 참 평화와 함께 희망의 등불이 되었으면 좋겠습니다.

제2시집이 나오기까지 도움주신 모든 분들께 감사의 말을 전합니다. 아무쪼록 독자님들의 힘찬 응원과 가정에 만복이 깃들길 기원합니다.

2022년 1월 하얀 눈이 쌓인 관악산을 바라보면서...

初月 윤 갑 수

제1부

아지랑이 너울대는 봄(春)

제2부

여름날의 향연(饗宴)(夏)

제3부

가을이 데굴데굴 굴러간다(秋)

제4부

하얀 눈꽃 필 때면(冬)

제5부

그리운 고향(故鄕)나들이 길

제6부

그 자연(自然) 속에 묻혀

제7부

세월(歲月)의 뒤안길에 서성이며

제8부

자아(自我)를 찾아 떠나는 여행길

제1부

아지랑이 너울대는 봄(春)

님의 향기(香氣)

빛살에
숨 조여 얼굴 붉힌
님의 꽃이여

살갑게
입 맞추듯 다가오는
시원한 바람결에

넋을 잃은 나그네
붉은빛 여울지니

그 향기
천리 만길 그윽하게
흩날리네.

태양(太陽)의 빛깔처럼
— 붉은 장미꽃

그대처럼 나도
빛깔 고운 정열의 꽃이 되어
만인의 사랑이고 싶다

불타오르는 붉은 불꽃처럼
나도 그대 사랑이고 싶고

미소가 예쁜 그대를 만나
첫눈에 반해 내 가슴에
불 질러놓고

아침이면
울 넘어 세상에 눈빛 흘리니
영혼을 뺏어 버린 그대

태양의 빛깔처럼 불타오르는
그대는 만인의 꽃이로구나.

봄은 추억(追憶)을 싣고

부서지는 거센 파도가
몰려와 눈앞에서 사그라지고
포말은 바닷가 방파제에
부딪혀 숨을 고르나니

해무(海霧)가 거친 바닷가
아침햇살 붉게 여울지고

대관령 고개 너머
재넘이 바람 봄 처녀를
유혹하네

비탈진 모랭이길 섶에 핀
산꽃*이 얼굴 붉히니

님을 향한 그리움의 노래
두견새 조잘대니 봄날이
파릇이 떠나가네.

*산꽃 : 진달래꽃.

꽃의 유혹(誘惑)

하얗게
눈 비비고 피어난
하얀 꽃무리들

나래비선 가로수
꽃길이 된
복개천 둘레길

춘객들 넋 잃은 듯
꽃 속에 파묻혔네

춘삼월 꽃 잔치에
벌 나비 넘나드니

사랑에
빠져버린 꽃의 유혹
향기를 품네.

봄이 오는 길목

울 밑에 겨우내 쌓인 눈
눈석임에 사르르 녹아
질퍽하게 쏟아낸다

하지만 동장군의 휘하에
한밤중 빙판을 만들더니

오가는 새벽길 시험대에
올려놓고 희희낙락이지만

바람 일어 햇살 좋은 날
나무초리에 떨켜*가 싹터
꽃이 되고 잎이 되어가는
봄날

양지 녘 미소 짓는 제비꽃
봄맞이 한다.

* 떨켜 : 낙엽이 질 무렵 잎자루와 가지가 붙은 곳에 생기는 특수한 세포층.

엄니 품 같은 봄날

부딪히는 파도 소리
가슴을 후려치듯 파고드니
피가 출렁인다

밀려오는 포말
하얀 얼굴 드리우며 금세
잡아먹을 듯 넘나들다
밀알 같은 백사장에 녹아
흩어지는 물거품

쪽빛바다 닮은 창공엔
갈매기 바람 타고 노닐고
저 멀리 떠나가는 여객선
뱃고동 소리 처량하다

비릿한 부둣가
낡삭은 옷깃 훔치며 몇 마리
꽁치를 앞에 두고
마지막 "떨이유 언능 사세유"
친근한 충청도 사투리가
애섧다

생선장수의 힘없는 목소리
엄니를 닮은 것 같아 귓전에
맴돌며 떠나지 않는다

바다 같이
넓디넓은 엄니 품이 그리운
포근한 계절
따스한 봄이 성큼성큼 다가와
소곤댄다.

냉이 꽃

봄은 아직
저 멀리서 오락가락
하는데

양지 녘
파릇한 싹 살포시
돋아나고

길섶에
냉이 꽃 자잘하게
웃음 지니

춘삼월
봄 내음 가득 코끝에
맴도네.

바람 난 그대 가슴

사르르 눈 녹이듯 봄바람이
살갑도록 따스하다

시리도록 햇살 좋은 춘삼월
창가에 걸터앉아 밖을 보다

천근만근 내려앉은 눈꺼풀
아롱지는 바람의 속삭임
춘곤증에 빠져 잠에서 깨어보니

어느새 꽃밭엔 목련화가
파릇이 뽀얀 속살 드리우며
살랑인다

봄이 어깨너머로 다가와
바람난 중년의 가슴에 작은
불씨를 사른다.

봄이 오는 길목Ⅱ

잔별들이
가지등*불처럼 졸고 있다
바람이 곤히 잠든 나목을
깨우고 춤추게 하니
새벽이면 달님도 기울고
샛별만 하늘 끝에서 해맑게
웃고 있다
아침을 여는 숲속의 새소리
적막(寂寞)을 깨우고
양지 녘 겨우내 잠들다
눈석임*에 놀란 너도 바람꽃
봄맞이한다.

*가지등 : (순우리말) 가로등.
*눈석임 : 쌓인 눈이 속으로 녹아 스러짐.

물꽃*

즐빗이*
다가오는 햇살의
따사로움

쪽빛
하늘 아래 여울진
하얀 물꽃

팔당호
수문 아래에 물보라
미소 지니

춘삼월
강둑 길섶 꽃다지가
눈 맞춤하네.

*물꽃 : 하얀 거품을 일으키는 물결.
*즐빗이 : (순우리말) 늘어선 모양이 빗살같이 정연하게.

계룡산(鷄龍山)

옥녀봉에
운무가 흩어지니
만산이 꽃이로다

바위틈
인고(忍苦)의 세월
이겨내고

올봄도
어김없이 연분홍빛
산꽃*이 여울지니

파릇한
고향의 봄소식이
그립구나!

*산꽃 : 진달래꽃.

제2부

여름날의 향연(饗宴)(夏)

여름날 밤엔

어둑 밤하늘에
잔별들이 속삭인다

길섶에 풀벌레 소리
어둠을 흔들어
깨우고

모깃불
피워놓고 별 헤다
눈감으면

그리운 옛 추억들이
별빛 따라 출렁이고

세월이
흐를수록 짙어가는
고향의 향수(鄕愁)
가슴에 사무치네.

하룻밤의 사랑

불빛이 까물까물 내려앉은
가지등불 아래 온 몸 사른
하루살이 사체가 즐비하다

비 그친 밤이면 불빛 좇아
날 새도록 목숨 건 사랑을
한다

어둠 속 인고(忍苦)의 날들을
침묵(沈默)으로 살다 옷을
훌훌 벗고 세상밖에 나와

빛과 어둠을 오가더니 빛이
좋아 빛을 좇아가는 가련한
하루살이 인생

무더운 여름날 밤이면
미지의 신세계에서 하룻밤
마지막 사랑이 불타오른다.

층층이 탑을 쌓는 꽃
— 접시꽃

아스라이 떠오르는
그리운 님의 얼굴

이슬 맺힌
꽃잎처럼 흔들리면
떨어질 듯 흐느끼며
꽃들이 운다

매일 밤
층층이 한(恨)을 쌓고
새벽녘 태양을
바라보며 빙그레
미소지며 소원을
비는 접시꽃

내일이면 오시려나
기다리는 여심은
지금도 탑을 쌓으며
해뜰참이면 사랑의
입술을 내민다.

무명초(無名草)

오솔길 섶 외로이 핀 넌
누구더냐

아무도 알아주지 않아도
조막손 불끈 쥐고 세상에
온몸 내밀던 넌 누구냐

사노라니
뭐 하나 보여줄 것 하나
없는 삶이 부끄럽지만

그 누가 널
하찮은 풀꽃이라 했더냐

세상에 고운 꽃 피웠으니
그 얼마나 위대함이더냐!

너처럼 나도
여울지게 핀 이름 없는
풀꽃이고 싶다.

잔별들의 속삭임

바람이 인다
하늘에서 별이 쏟아진다
어둑 밤 하나둘 존재를
알리는 잔별들의 속삭임
허공에 하염없이 별빛이
흩어진다
자장가 불러주는 엄마의
눈가에도 새근거리는
아기 얼굴에도 사랑스런
미소가 쏟아진다
가끔씩 여우별이 얼굴
들이밀며 빛을 내지만
깊어가는 여름밤 노래하는
풀벌레도 지쳐 잠들고
빛 잔치에 별들이 어둠을
사른다.

님의 미소(微笑)

석양 녘
님의 얼굴 유리창에
얼비추면

황혼 빛
여울진 해당화가
미소 짓고

살갑게
반겨주는 아내의
얼굴처럼

달님이
비시시 눈 비비며
님 마중하네.

여름을 물린다

보라매공원 가로수마다
매미들 님 찾는 소리
애절하다

한여름 끝자락
자람이 멈춘 나무초리
초록빛 이파리 여울지고

산책길
헉헉거리며 앞서가는
강아지 한 마리

축 늘어진 혓바닥
땅에 닿을 듯 침 흘리며
여름을 끌고 간다

내 그림자 작아진 한낮에
매미도 지쳐 숨 조이는데
가을 길 재촉하는 바람이
여름날을 다독인다.

햇살에 젖은 날이면

부서지는 빛살 따라 얼굴에
비지땀이 줄줄 흘러내린다
음계가 부서진 낡은 하모니카
흘러간 노래 구성지게 불러주는
나그네도 비껴가지 않았다
열기가 파고드는 여름 햇살은
보이지 않는 창과 칼 같으니
살갗 에이듯 주르륵 흐르는
땀을 훔치니 얼굴이 밤톨처럼
검게 익어간다
하루가 또 저물어간다
허기진 삶을 달래려 하늘을 보니
조각구름 두둥실 홀로 떠가네.

조막손 불끈 쥐고

아침 햇살이 세차게 창문를
두들긴다

조막손 불끈 쥐고
여린 손으로 한줌 햇살을
한 아름 쥐어 내게 건넨다

나팔꽃도 덩달아 꽃밭에서
하늘 향해 넝쿨손 흔들며
연보랏빛 나발을 불어대고

조각구름도
조막손에 끌려 귀 기울이다
주저앉아 산화하는 것도
모르는 여름날

삶의 끈을 쥐고는 절대로
놓지 않는 자잘한 조막손
내 손보다 더 커 보인다.

초롱꽃

수줍어 고개 떨군 서글픈
초롱꽃

잔바람에도 종소리 쟁그랑
울릴 듯한데 들리지 않네

삽 다리 건너온 햇살
얼굴을 훤히 비추지만 절대로
속내를 드러내지 않고

땅 끝 세상에서 들려오는
초롱꽃 종소리만 땡그렁
울려 퍼진다.

제3부

가을이
데굴데굴 굴러간다(秋)

가을
— 단풍(丹楓)잎 지면

붉은빛
여울진 저물녘
산마루에

빛깔 고운
단풍잎 하늘하늘
속삭이니

우수수
바람결에 흩날리며
울부짖네

어머니
젖무덤처럼 포근하던
가을 녘

설움 한 줌
남겨놓고 가버린
가을사랑.

왠지 가을이 오면

왠지 가을이 오면
내 몸이 작아진다
햇살 좋은 가을날
가슴은 더 작아져
세상 굽어보노라니
흐릿한 추억들뿐
왠지 가을이 오면
살살이 꽃향기*에
취해 그리움 달래고
서글픈 사랑을
다독이다
꿈틀거리는 추억을
되새김질하니
파란하늘을 먹는다
왠지 가을이 오면
난 가을을 탄다.

*살살이 꽃향기 : (순우리말) 코스모스 꽃향기.

안산(安山) 자락 길

안산 자락길섶
흐드러지게 단풍잎들이 붉게
타오른다

이는 바람 불티나듯 낙엽은
발길에 채어 으깨어지고
가루가 되어가지만 행복하다

중년의 가슴에 불 질러놓고
떠나가는 가을이 야속하지만

아내와 함께 거닐던 삶의
길처럼 화려하진 않아도
정겨움이 넘쳐나는 발자국 소리
차박차박 가슴을 파고든다.

홀로 가는 길

반짝이는 잔별처럼 빠르게
흘러간 세월
출발점이다 싶은데 어느새
종점이 눈앞이로구나!

푸리 딩딩 젊은 시절
엊그제 같은데 지나간 날이
추억 속 그림자가 되고
그리움이 되어 버린 뒤안길

단풍잎 물든 멧부리에
주저앉은 몰골로 하소연하듯
발 구름 하며 빨리도 달려온
그 세월이 야속타

오늘도 끝없는 사유(事由)의
길을 나 홀로 걷고 있다.

산사(山寺)의 가을끝자락

밤새도록 맘 졸이다 아침햇살에
곱게 물든 단풍잎 영혼을 뺏는다

빛을 좇아 다닌 바람은 어디론가
사라지고 오색 이파리 춤을 추니
가을빛 영롱한 님의 얼굴 같구나

살랑이는 나뭇잎들이 하나둘
흩날리니 산사(山寺)의 풍경소리
귓가에 아롱지고 참선 속 자아를
찾는 구도승의 염불소리처럼

나목(裸木)도 깨달음의 옷을 벗고
동안거에 들어갈 채비를 마친
갑사(甲寺)의 가을이 멀어져간다.

들국화

다붓다붓
꽃숭어리* 화들짝 피어
반겨주는 가을들녘

꽃 멀미*에 취해
누운 추억의 그림자가
옷을 벗는다

젊은 날
님과 함께 꽃 빛발에
젖어 거닐던 그곳

비둘기 한 쌍 날아와
꽃무리에 숨어 사랑을
속삭이니

들국화 향기
가을 속에 여울지네.

*꽃숭어리 : 많은 꽃송이가 뭉쳐 달린 덩어리.
*꽃 멀미 : (순우리말) 꽃의 아름다움이나 향기에 취해 일어나는 어지러운 증세.

가을 만찬(晩餐)

스산한 바람 얼굴을 스치니
허공을 날던 고추잠자리 떼
하루 새 사라지고 갈꽃들이
하늘하늘 살랑인다
갈잎이 사각일 때 깊어가는
가을의 속삭임 소리 잠자는
민둥산을 깨우고
지워버린 여름날의 추억을
곰삭히듯 곱게 물들이니
뚜벅이 같은 바람 발치에서
가을을 보내려 한다
타다만 희나리* 같은 가을날
두둥실 떠있는 단풍잎 밑에서
한가로이 자맥질*하는 물방개
물속으로 사라지듯 가을이
저물어 간다.

*희나리 : 마르지 않은 장작.
*자맥질 : 물속에서 팔다리를 놀리며 떴다 잠겼다 하는 짓.

가을이 데굴데굴 굴러간다

때를 잊은 보랏빛 나팔꽃
하늘 향해 나발을 불어댄다
아침햇살 눈부시게 반짝이듯
쫘악 벌어진 밤송이가 자꾸
유혹의 눈빛을 보낸다
엉겁결에
밤나무에 올라 흔들어대니
알밤이 투두둑 장단 맞추듯
떨어지며 가을을 노래한다
알토란같은 알밤 한 줌 가득
주머니에 넣고 하늘을 보니
쏟아지는 가을이 데굴데굴
굴러간다.

님의 향기(香氣) Ⅱ

바람결에 스며드는 그대 내음
코끝에 머무니 자꾸만 미소
짓게 한다

여름 지나 가을이 오면
들국화처럼 향기 나는
사람이고 싶다

빛깔은 곱지 않아도 은은한
향기에 취해 다가서게 하는
마법의 전령사처럼

바람 끝에 선 꽃 한 송이
설움 한 줌 떨구듯 꽃잎 져도
영원히 그대 곁에
머물고 싶은 당신의 내음.

사랑 한잔

그대 커피 잔에 향기로운 님의
사랑이 스멀스멀 피어오릅니다

안개 자욱한 창문 밖 소리 없는
바람이 허공을 가로 질러 떨군
낙엽을 구석진 곳에 모아 놓고
슬픔을 토닥입니다

커피 한 모금에 가을을 마시고
커피 한잔에 사랑이 담긴
그댈 마시면 지나간 그리움을
토해냅니다

언제나 식지 않은 커피 잔에
모락모락 피어오르는 추억의
향기가 코끝에 머무니
지고지순(至高至純)한 아내의
마음이 커피 잔에 맴돕니다.

제4부

하얀 눈꽃 필 때면(冬)

폭풍 한설(暴風寒雪)

눈보라이니
문풍지 악기삼아
노래하고

겨울밤
소쩍새 외로움을
사르나니

한겨울
폭풍한설이 어둑 밤을
삼켰네.

눈(雪) 위에 핀 꽃

눈 위에
꽃이 핀다 햇살 좋은
양지 녘에

살가운
바람결에 살랑이는
하얀 꽃잎

이른 봄
눈석임*에 봄을 알린
너도바람꽃

혹독한
세상 풍파에 눈물 꽃이
피었네.

*눈석임 : 쌓인 눈이 속으로 녹아 스러짐.

겨울밤

더얼 썩 껴안은
겨울 한낮 햇살 한줌

부서지는 빛발은
창문 너머 스쳐가고

저물녘 하늘 저편
다가오는 달그림자

외줄기 가지등불
어둑 밤을 밝히지만

소쩍새 날 새도록
울다 떠난 빈자리에

하얀 눈만 소복이
쌓였네.

겨울 산의 창검(槍劍)

겨울 산에 눈 내리면 주목은
흰 갑옷을 걸치고 버거워한다

밤새 내린 눈이 햇살에 절어
눈물 나도록 울다 지친 저물녘

흐르는 눈물은 그만 굳어져
가슴 후비듯 비수(匕首) 같은
창검을 벼르고

삭풍(朔風)이 몰아칠 때마다
칼싸움하듯 부딪히는 소리만
요란하다

싸움은 눈 위에 바수어진
날을 꽂아야만 끝나는 수정
고드름.

하얀 눈꽃처럼

고갯마루에 노송도
흰 오리* 나듯 고깔모자 쓰고
버겁도록 추욱 휘어져 있다

세월의
무게도 이겨낸 노송이건만
햇살에 절여 물기 먹은
솜이불이 되어버린 눈(雪)

훌훌 털어버리면 좋으련만
버거워 힘들어하는 겨울 한낮
바람 한 점 없다

눈(雪)이
눈물 되어 뚝뚝 떨어지는
빗물 방울처럼

하얀 눈꽃이 녹아 흰여울* 지듯
작은 내를 이루네

그대 순결한 사랑처럼…

*흰오리 : 하얗게 센 머리카락.
*흰여울 : 물이 맑고 깨끗한 여울.

온 세상이 하얗다

함박눈이 내리는 겨울밤
가지등*이 고깔모자 눌러 쓰고
졸고 있다
밤새 내린 눈이 발목을 잡고
온다던 님은 오지 않고 전화
벨소리만 적막(寂寞)을 깨운다
구름 거친 새벽녘 해 뜰 참*에
눈부셔 바라볼 수 없는 세상은
그저 망연자실(茫然自失)이다
시끄러운 삶의 흔적을 모두
지워버리고 타락한 세상 모두
삼켜 버렸듯 눈석임* 속
나도 한 송이 너도바람꽃 되어
어두운 삶을 불사르고 싶다.

*가지등 : (순우리말) 가로등.
*해뜰참 : (순우리말) 해가 돋을 무렵.
*눈석임 : 쌓인 눈이 속으로 녹아 스러짐.

찬바람 일면

삭풍이 살품*을 파고들어
시린 가슴에 비수를 꽂으니
설움을 삭힐 수 없다 한다

메마른 눈가에 맺힌 슬픔이
자꾸만 뇌리에 파고드니
지난 추억들이 하나둘 잠을
깨우고

성당의 새벽 종소리
도란도란 떨림의 이야기로
끝없이 귓가를 휘저으니

하얗게 밤을 지새운 부엉이
울음소리만 애닯다.

*살품 : 옷과 가슴 사이에 생기는 빈틈.

동장군(冬將軍)

매서운 눈보라가
텅 빈 몸을 삭힌다

따스한 아랫목이
그리운 한겨울 녘

입 다문
개구리도 동안거 중
실신하고

해질녘 동장군의
풀무질에 고드름을
벼르니

아침 햇살
크고 작은 명검이
눈부시게 빛나네.

삭풍(朔風)의 노래

에이는
폭풍한설 살품*을
파고드니

시린 가슴
아리도록 비수를
꽂아놓고

붉은 피 토하듯 거친 숨
몰아치니

한세월
쏟아낸 설움 고드름이
되었네.

*살품 : 옷과 가슴 사이에 생기는 빈틈.

겨울밤의 명검(名劍)들

별빛 달빛 숨겨 놓고 밤새
내린 함박눈이 어둠을 사른다

뒤뜰
장꽝*에 크고 작은 항아리마다
중절모자를 씌우고 거드름을
피운다

햇살 좋은 한낮 하얀 머릿결
쓸어내리듯 초가집 처마 끝
설움 한 줌 뚝뚝 매달아 놓으니

저물녘 수정고드름
칼바람에도 아랑곳하지 않고
밤새 지리도록 벼르고 갈아

아침햇살에 반짝이는 명검을
만든다.

* 장꽝 : 장독대(충청도 사투리).

잔설(殘雪)

지리산
노고단에
잔설이 쌓였구나

고사된 주목에도
하얀 눈꽃 피고

햇살 맞으니
주홍빛 속살
드러나

아픔은
눈물 꽃 피어
서러움을 녹인다.

나목(裸木)의 꿈

감나무 우듬지에 달빛 깊게
눌러쓰고 잔별들과 묵언으로
눈씨름하고 있다

겨울을 나기위해 떨켜*만
남기고 산화한 나뭇잎

한 때는 그래도 지족처럼
한 몸이었지만 해마다 이별의
아픔 뒤 새로운 꿈을 키우니
그래도 넌 행복하다

꿈을 꾼다는 건 죽어 있어도
그대가 살아 있기 때문이다.

* 떨켜 : 낙엽이 질 무렵 잎자루와 가지가 붙은 곳에 생기는 특수한 세포층.

제5부

그리운 고향(故鄕)나들이 길

가을빛 여울지고

쏟아지는 햇살이 눈부시다
들녘엔 어느새 황금빛
여울지고

길섶에 미소 짓는 살살이 꽃
한들한들 바람결에 춤추고
참새 쫓는 농부의 함성소리
귓전에 아롱진다

달구지 타고 오가던 길은
변했지만 가슴속 언저리에
간직한 추억은 그대로인데
흘러간 세월이 야속타 하네

부질없는 타향살이 지친 몸
이끌고 고향에 찾아왔건만
허무함이 빈 가슴을 채우고

추수 끝낸 텅 빈 들녘에
서성이는 꿈 많던 옛 추억이
바람에 스멀스멀 흩어진다.

또 하나의 별을 지운다
— 추모(追慕)

낮달이
졸고 있는 길가에
주저앉아 더는
일어서지 않았다

어둑 밤 빛나던
또 하나의 큰 별을
지우려 한다

그토록 해맑던
너털웃음이 멋졌던
님의 모습 이제는
그리움으로 남았다

어찌하여 님을
데려갔단 말인가
아직 때가 아닌데

내가 그리도
좋아했던 형(兄)이
밤하늘에 떠 있는
별이 되었다

이제
다시는 볼 수 없는
그리운 별 하나를
또 가슴에 새긴다
우리 곁에서…

*2021년 7월2일 작고하신 사촌 형님을 추모하면서.

청보리 익어가는 고향(故鄕)

청보리 익어가는 유월 중순
이는 바람결에 황금빛 보리밭
일렁이며 너울을 탄다
꺼칠한 보리 대궁 사각사각
리듬을 타며 노래하고
인기척에 놀란 까투리 괴성을
지르며 날아간다
길섶에 자잘한 망초가 바람에
살랑이고 보리밭에 풀무질하니
보리 내음이 가슴을 파고든다
쫴만 다랭이 논에 물길 내며
넌지시 미소 지며 바라보시던
아버지가 보고 싶은 계절
그리움이 사무쳐 어린 시절을
더듬거리며 되새김질한다.

지금 금강(錦江)에는

별빛이 내려앉은 금강물결
잔바람에 시리도록 윤슬 되어
흐르고

강기슭 사각 이는 갈대숲은
지금 열애 중이다

물새들
보금자리엔 인고의 기다림 속
사랑을 보듬고 갈망하듯 포란
중이다

초여름 한낮
햇살에 절인 여린 풀잎들이
목마름을 애원하듯 축 늘어진
모습들이 마치 나를 보는 듯
안쓰럽지만

계절의 숨바꼭질 속 금강에는
새 생명이 잉태하고 있다.

보리밭길

바람이 살랑이니
초록빛 여울지고

청보리 꺾어 불던
그리운 죽마고우

그리워 하늘 보니
조각구름 떠가네

햇살이 부서지는
보리타작 추수 날

베적삼 소맷귀
땀을 훔친 바쁜 일손

아버지 환한 얼굴이
만월처럼 반짝이네.

산모랭이 길

모랭이길
돌고 돌아 본향으로
가는 길

흰나비
길라잡이에 꽃상여가
뒤따르고

길섶에 얼굴 붉히며
고갤 떨군 할미꽃

풀밭에
주저앉아 님 오시길
기다리니

그리운
이 길은 이제 마음의
길이 되었네.

*모랭이 : (순우리말) 산이나 들길을 살짝 돌아가는 모서리를 이르는 말이다.

논배미에 주저앉은 허수아비

논배미마다 누렇게 영글어가는
이삭들이 고개를 숙이고는 절대로
얼굴을 드러내지 않는다

잎사귀는 허공을 찌를 듯 예리한
각을 세우고 한낮 햇살은 따갑도록
하늘에서 머무니
깊게 눌러쓴 밀짚모자에 내려앉은
고추잠자리 투명한 눈을 굴리며
망중한이다

황금 들녘에 주저앉아 홀로 쫓는
허수아비

바람은
졸고 있는 허수아비 옷깃을 흔들며
참새 떼를 쫓지만 떼거리로 몰려와
벼 이삭을 축내도 말이 없다

농부의 땀 내음이 배인 송송 뚫린
해진 옷을 입고 더는 막을 수 없는
바람이 허수아비 뼛속까지 파고들어
널브러진 벼들을 춤추게 한다.

꽃밭 모랭이에 묻힌 영혼들

통곡(慟哭)의 아우성에 놀라
스쳐 가는 바람도 주저앉은
꽃밭 모랭이에 백골(白骨)이
춤을 춘다

한밤중
이유도 모른 채 끌려가
죽창으로 무자비하게 죽어간
동족상잔(同族相殘)의 슬픈
영혼들

여러 날 동안
꽃상여가 꽃밭을 이뤘다던
그곳

무연고 묘지가 빗물에 쓸려
뼈들이 허옇게 드러내 아픔을
들추고 있다

죽어 흙이 되지 못하고
널브러진 백골이 흩어져
바람과 햇살에 절여 탈색되니

밤이면 영혼들이 반딧불처럼
허공을 헤매이는 별이 되어
한 많은 설움을 달랜다.

그리움의 사계(四季)

멀어져 간다 저 하늘 끝까지
조각구름 흔적 없이 사라지듯
파란 하늘이 눈에 가득
곰삭은 지난날을 다독인다

질곡(桎梏)의 세월들
이름 없는 영욕의 발자국들이
나이만큼 포개어 그리움의 집을
짓듯 주름살로 얼기설기 크고
작은 길을 놓고 있다

바람은 낡삭은* 살품*을 파고들어
허허한 빈 가슴에 빗장을 열어
달라 애원하지만 무심한 세월은
그리움만 더듬거릴 뿐

빛바랜 추억들이 낙숫물 떨어지듯
더는 되돌릴 수 없다 한다

애섧다
삶의 뒤안길만큼 가슴 언저리에
쌓이고 쌓여 아롱진 그리움으로

되새김질하니 아픔은 사라지고
맷돌처럼 돌고 돌아 강물이 되고
구름이 되어가듯

삶이 다하는 그날까지
희망의 씨앗을 심듯 시의 언어로
하얀 종이에 차곡차곡 사계절의
그리움을 녹여 내린다.

*낡삭은 : (순우리말) 오래되어 낡고 삭다.
*살품 : 옷과 가슴사이에 생기는 빈틈.

고향소식(故鄕消息)

저물녘
봄바람이 살품을
파고든다

서산에
황혼 빛 조각구름
여울지고

복사꽃 흩날리는데
그님은 오지 않고

풀피리
불며 놀던 건너편
강둑 길섶

그리움이 사무친
지척의 고향 소식
끊긴 지 오래라.

제6부

그 자연(自然) 속에 묻혀

잔별들의 꿈

구름에
빛을 잃은 천사들의
별꽃놀이

밤하늘에
잔별들이 보이지
않는다

별 헤다 잠들었던
어릴 적 밤하늘

유난히도
빛나던 님의 별도
이제 보이지 않고

어둠에
파묻혀 깨어나지
못한 영혼들처럼

가슴에 묻어둔
잔별이 되었네.

망중한(忙中閑)

고추잠자리 떼 허공을 맴돌며
어슬렁거리고 개구리 한 마리
둠벙을 지배하고 있다

혼탁한 세상이 싫어서일까
조각구름 타고 떠나고 싶지만
비껴간 세월이 흐래* 속에
풍덩 빠져 허우적거린다

그놈은 뭐가 그리 좋아
벌건 대낮에 가시 연잎에 앉아
하얀 꿈을 꾸고 있을까

달 반 지나도 오지 않은 비
더러운 세상을 말끔히 씻기우면
좋으련만

오늘도
햇살만 깜박이며 발가벗긴 삶의
영혼을 달군다.

*흐래 : (충남사투리) 논이나 연못 등의 바닥에 쌓인 고운 흙.

해무가 깔린 바닷가

해저물녘 바닷가에
해무(海霧)가 내려 앉아
어둠을 사르고

출렁이는 파도물결
비릿한 내음이 코끝에서
요동친다

으스름달밤
등대지기 불을 밝히니
바닷길 내어주고

깊어가는 여름 밤
뱃고동 소리에 살가운
추억이 살며시 파고드니

보고픈 죽마고우들
별빛처럼 떠오르네.

그대 삶이 저물어도

그 어디에도
마음 줄 곳 하나 없는
타향살이

지나온
뒤안길을 뒤적이니
허무로다

노을 진
서녘에 핀 삶의 꽃이
시들고

어둑 밤
잔별들이 깨어나
반짝이니

오늘도 님의 영혼
별빛 따라 잠드네.

그대도 꽃잎인가

흐드러지게
뽀얀 속살 드리운 꽃잎들
봄날 꽃비가 내린다

소리 없이 다가와 이별의
설움 한줌 인사도 없이 훑어
데려간 바람이 얄밉지만

꽃비 맞으며 오가는 이 길
바람이 데려온 너겁들과
꽃잎이 포개어 쌓인 덤불*이
널브러져 있다

열매 맺기 위해 삶을 다한
모습이 아름답지만

퇴색되고 썩어 자연으로
돌아가는 길 그대와 우리도
다를 바 없거늘

자연으로 돌아가는 이 길
바람에 쓸려간 꽃잎 같네.

*덤불 : 어수선하게 엉클어진 수풀.

때늦은 사랑

방시레*
여울진 들국화꽃
한 송이

만추 녘
외롭게 피었구나!

님 찾는 벌 나비는
오간 데 없고

발끝걸음*
비탈길 걷노라니

주인 없는 바람만
휭하니 부네.

* 방시레 : 소리 없이 입을 예쁘게 벌리고 밝고 보드랍게 살며시 웃는 모양.
* 발끝걸음 : (순우리말) 발끝을 제겨디디며 가만가만히 걷는 걸음.

몽돌은 성형수술(成形手術) 중

밀물과 썰물이 다가와 속삭인다
아침을 깨우고 흩어지는 파도
하얀 포말(泡沫)을 잠재우니

바닷물이 넘나들며 모난 턱을
갈고 다듬어 몽돌로 성형수술
중이다

지금도
의사인 밀물과 썰물에게 온몸을
맡기니 쉬지 않고 다듬는 소리
귓전에 아른거리고

어둑 밤
모난 영혼(靈魂)을 깎는 소리
요란하지만 올망졸망한 몽돌이
곱게 화장을 하면 아침햇살 따라
눈부시게 반짝인다.

물안개 피는 날

물안개 피는 개울가에 앉아
얼비친 나신을 바라본다

지난 세월을 낚는 손끝에
삶을 더듬거리니 하얀 빛줄기
하늘 꽃 피어오르고

허공 속 빈 찌를 덥석 문
영혼처럼 잔잔한 강물 위에
노니는 물고기이고 싶다

이제 나도 물안개 걷힌
강가에서 낡삭은* 지난 영혼을
낚는 강태공이 되어 삶의
꿈을 건져 올리리라.

* 낡삭다 : (순우리말) 오래되어 낡고 삭다.

그리움

터질 듯 아려오는
가슴속 언저리에

단풍잎 하나 둘
남겨놓고 불사를까

눈가에 곱게 물들인
흔들리는 내 마음

불타는 그대 사랑
오색 빛 여울지네.

일엽편주(一葉片舟)

노을 진 경포대(鏡浦臺)
잔물결 일렁이니
단풍잎 하나 외로움 싣고
어디로 가는 걸까

들꽃무리들
살랑살랑 얼비친 나신을
바라보다 바람결에 놀라
물결위에 두둥실 춤추고

조각구름 내려앉은 호수에
그대 살갑도록 그리움이
떠가니

호숫가 저 건너편 갈대숲
사각이는 갈잎의 노래
귓전에 아롱지네.

제7부

세월(歲月)의 뒤안길에 서성이며

거머리 망엔 한세월만

아침 햇살 따라
흩어지는 물안개 사이로
물비늘이 여울진다
풀잎에 맺힌 이슬방울들
수정처럼 보석이 되어
눈부시고
강가에 앉아 세월을 낚는
강태공의 눈빛은 저 멀리
건너간 세월만 굽어본다
구름 가듯 잔물결 위로
날아 든 해오라기 한 마리
허허한 영혼을 깨우고
자맥질에 여념이 없다
바람이 계절을 몰고 오듯
빈 거머리 망엔 한세월만
가득하다.

묵정밭(休耕田)

알토란 같았던 밭이 주인을 잃고
잡초가 모여 잔치를 하는구나!

농사짓던 이는 어디에 있는고
가는 세월 잡을 수 없다 하지만
님의 손길 이제는 볼 수 없네

잡목이 주저앉아 자리 매김하니
머지않아 묵정밭이 숲이 되겠지

어릴 적 밭두렁에서
메뚜기 땅개* 잡던 시절은 이제
추억이 되고 그리움이 되었구나!

에고
소 쟁기 몰며 밭일하시던 그님은
지금 어디 가셨나!

*땅개 : '방아깨비'의 방언(충남).

낙조(落照)같은 인생

석양녘
여울진 황금빛 물결
윤슬 되어 반짝이고

나뭇잎 외로이 너울
타며 어디로 가나

출렁이는 세월
서녘 끝에 서성이고

노을빛 찬란한 하늘
고운님 벗이 되어
물속으로 빠져드는
낙조가 탐스럽지만

사노라면 언젠가
한번은 가야할 길
황혼 빛 여울지다.

세월(歲月)을 낚는 강태공

태양은 어느새 산마루에 닿고
구름도 쉬어 가는데 강물 위에
떠 있는 찌는 요지부동이다

장고의 세월만큼 기다림에도
주름진 눈가에 서성이는 질곡의
뒤안길을 곱씹을 뿐

노을빛 찬란한 강물로 날아든
물새 떼 자맥질하듯 물길 내며
노닐 때 윤슬처럼 반짝인다

오늘도 거머리 망에 가득 채운
시름 한 줌 비우고 되돌아선
발길이 가볍네.

아버지의 얼굴

청보리 익어가는 보리밭
길섶에 앉아 사색에 잠긴다

깜부기 뽑다 얼굴을 검게
분칠하며 놀던 어린 시절

콧수염이 멋지셨던 아버지
나도 내님의 얼굴을 쏘옥
닮아 있었다

한평생 늦둥이 아들 위해
살다 본향으로 가신
우리님이 보고 싶은 계절

그리움은 바람이 되어 거친
님의 손길로 다가와 허허한
마음을 어루만져주네.

세월아 세월아!

황금빛
찬란한 서녘에
노을이 지면

떠나간
정든 님 꽃이 되어
돌아오고

햇살이
내려앉은 금강에
물비늘* 이니

한 송이
돛단배 되어
너울 타며
떠가네.

*물비늘 : 잔잔한 물결에 햇살이 비치는 모양.

님 그리워

공산성(公山城)
공북루(拱北樓)에
홀로 앉아

이내 마음
강물에 내던지면

흘러 흘러서
백마강 낙화암에
닿으면 님 만날 수
있으면 좋으련만

애섧다
꿈속에서 울부짖는
삼천궁녀의
넋이여.

맷돌처럼 굴러 가는 인생

강물은 흘러 바다로 가지만
영혼은 죽어서 어디로 갈까

지나간 세월을 되새김질하듯
맷돌처럼 돌고 돌아가지만
청춘은 바람이 되어 흩어지고

추억을 더듬거리니 빈 잔 속
한숨짓는 소리만 출렁거린다

삶이 고갯마루 넘어서니
지는 노을만 벌겋게 물들이고

잔잔한 물결 위에 먼저 간
세월을 던져 잠재우니 설움이
눈물 되어 흐른다.

가는 길

초록빛 찬란했던 젊은 날
까맣게 잊고 선 자리

질퍽하게 늘어놓은 과거의
언어들이 살아서 회자되어
들려오고

바람따라
흐느끼는 나무초리마다
맺은 인연 뒤로하고
이별 노래 부르고 있다

기다려도 오지 않음을
알면서도 후회의 멍에를
짊어지고 가는 이 길

길은 달라도 머물 곳은
모두 한자리
썩어 흙이 될지니

가는 이 길 삶의 끝자락
꽃단풍이 어여쁘다.

나무초리에 핀 꿈

부러진 나무초리에 꽃이 핀다
꺾인 아픔 속에서도 죽어가는
고통 속에서도 꿈꾸듯 꽃을
피우고 있다

바람에 울부짖는 문풍지처럼
하소연 할 곳 없는 이 세상
피지 못할 청춘의 덫에 걸린
운명

슬픔은 그대 가슴에 꽃이 되어
비켜간 너의 인생을 짓밟아도
저 나뭇가지에 꽃이 피어나듯
그대들이여 살아 있으라

삶이란 살아 있어야 꿈을 꿀
수 있기 때문이다.

제8부

자아(自我)를 찾아 떠나는 여행길

그대 가슴 꽃자리

사색(思索)의 꽃자리*에 다시
환희(歡喜)의 꽃이 피었다

향기로 영원히 남아
고통(苦痛)의 씨앗 불사르고
기쁨의 꽃을 피우니

가슴 언저리에 남은 슬픔을
다독이며 그대와 함께 가는
이 길

오늘도 예쁜 꽃 하나 눈에
담고 해맑게 웃고 있다

혹여
꽃이 졌다 슬퍼하지 마라
그대 진자리에 희망의 씨앗이
하나둘 영글고 있기 때문이다.

*꽃자리 : 꽃이 달려 있다가 떨어진 자리.

삶의 애환(哀歡)

빛을 쫓아가는 불나방들이
죽을 줄도 모르고 불꽃에
온몸을 던진다

사노라면
때론 희비의 꼭짓점에서
허둥대다 꼬꾸라지는 삶처럼
지금 이 세상은 막장 길로
치닫고 있다

수많은 이들이 두려움에
사로잡혀 입과 코를 가리고
세상을 굽어보고 있다

언제쯤
신명나는 세상이 올까
꿈같은 지난 세월이 지금보다
좋았다 하던데

불나방처럼
활활 타오르는 모닥불에
모여든 불장난 같은 이 밤

홀로 불꽃에 삶의 애환을
불태운다.

만선(滿船)의 기쁨

출항 때 걱정과 두려움 몰아내고
돌아오는 뱃머리에 부서지는 포말이
허옇게 과거(過去)를 지운다

쏟아지는 햇살 아래 윤슬처럼
눈부신 파도가 하얀 속살 드리우며
가슴을 파고들고

고깃배 만선(滿船)의 깃발 펄럭이며
비릿한 내음 진동하는 포구에 닻을
내리니 갈매기 떼 일렁이는 파도와
너울을 탄다

살가운 바람
바다와 함께 허기진 삶을 가득 채우듯
다가와 속삭인다.

욕망(慾望)의 노예(奴隷)가 된 삶

끝없이 타오르는 욕망
어디서 끝맺음 해야 할까
더딘 걸음으로 다가오는
꿈은 갈수록 멀어져 가는데
어찌하여 그 허황된 욕심에
사로잡혀 사는 것일까?
무디어진 영혼은 이제
낡삭은 옷깃처럼 더럽혀지고
쓸모없다 하거늘 죽어야만
끝나는 욕망을 좇아 노예가
된 삶을 훌훌 내려놓고
산마루 내림 길 쉬엄쉬엄
발끝걸음* 돌아보며 가는
인생이면 좋으련만 아직도
내려놓지 못할 욕망의 끈이
자꾸만 온몸을 휘감네.

*발끝걸음 : (순우리말) 발끝을 제겨디디며 가만가만히 걷는 걸음.

그 길

아득한
저 하늘 끝 노을이
여울지니

갈잎의
속삭임에 노래하는
뜸부기

빈 날개
휘저으며 어디로
가는 걸까

붉은빛
곱게 물든 서녘의
그리움

바람처럼
훌쩍 달아난 세월이
불 서럽다*.

*불 서럽다 : (순우리말) 몹시 서럽다.

커피 한잔에 사랑가득

한겨울 이른 아침
창문 너머로 햇살이
쏟아진다

온기 가득한 거실에
아내의 손끝에 맛을
더해가는 커피 한 잔

따스한 커피 향에 취해
메말랐던 옛 추억이
찻잔 속에 스멀스멀
녹아내리니

한 모금에 그대 마음
두 모금에 사랑 가득
내 영혼을 적신다.

보석(寶石)이 된 이슬

가을 끝자락
나무초리마다 몽글몽글 맺힌
이슬방울

햇살 따라 수정구슬이 되고
반짝이는 보석이 되듯

가난한 시인의 작은 가슴에도
한동안 부자가 된 듯 착각에
이사 빛* 내리는 날이면
그래도 행복하다

가진 것 없어도 너를 닮은
아내의 마음이 내안에 한 아름
들어와 있기 때문이다.

*이사 빛 : (순우리말) 이른 아침에 뜨는 따사로운 햇빛.

그대가 샛별이라면 난 잔별이고 싶다

그대가
별이라면 난 하늘이고 싶다
밤새 허공을 좇아 맴돌다
머문 자리

큰 별 작은 별 오손도손
미리내* 되어가듯 나도 너처럼
잔별이고 싶다

그대가
빛나는 샛별이 되어주길 바라듯
너도 내안에 머무는 별이 되어

깊은 밤일수록 반짝이는 희망의
등불이 되어 주어라

그대가 샛별이라면
나는 그대의 잔별이고 싶다.

*미리내 : 은하수.

보이나요? 희망(希望)의 꽃

보이나요?
버림받은 세월을 핥고 지나 간
흔적들이 거머리 망에 한가득 차
있습니다
세월을 주워 담은 그리움이 가슴
언저리에 떠날 줄 모릅니다
못다 이룬 꿈도 이제 다 무뎌져
추억 속에 잠들고
희미한 목소리 귓전에 아롱지듯
바람결에 영혼을 달래줍니다
오뉴월 들꽃들이 파릇이 피어나
장관을 이루지만 시인의 마음엔
그저 아픔만큼 다독이려 핀 희망의
꽃으로 다가옵니다 보이나요?
저 한들거리는 희망의 꽃들이
노랑나비 한 마리 날아와 너울너울
재롱을 떱니다
꽃 지고 알알이 열매 맺으려니
빨랫줄에 하얀 저고리 걸쳐 놓듯
해맑은 이사빛*이 이리도 고운 것을
우린 지금 희망의 꿈을 키우고
못다 핀 삶의 꽃을 피우려 합니다.

*이사빛 : (순우리말) 이른 아침에 뜨는 따사로운 햇빛.

부평초(浮萍草)

곱게 핀 꽃이 진다 원망마라
꽃잎 떨군 꽃은 열매 맺기
위함이니 슬퍼할 일도 아니다

삶은 그리움이 쌓여 추억을
만들고 정처 없이 어디론가
두둥실 떠도는 부평초 같은 것

사노라니
삶은 흩어지는 조각구름이요
바람 같은데

꽃처럼
피고 지는 것은 무심한 세월 속
오색 빛 찬란한 영혼의 그림자가
허공에 떠있기 때문이다.

향토적 정취와 그리움을 주조로 채화(採火)한 심미적 영상

— 윤갑수 제2시집『그리움의 사계』해설

최병영(시인 · 문학평론가)

시는 영혼의 결기를 정갈히 빗질하여 언어로 구현하는 고차원의 정신예술이다. 모든 문학의 근본은 인생의 문제와 맞닿아 있다. 문학은 인생을 규명하는 인간정신의 총체적 반영(反映)이며 이는 순결한 영혼의 숨결이 응집된 철학과 사유의 총합이다. 시 짓는 일은 본질적 의미와 가치에 천착(穿鑿)하여 삶에 대해 바람직한 방향과 태도를 정립하는 일이다. 문학은 사상과 감정을 상상의 반열에서 표출하는 언어예술이다. 문학의 사회적 역할은 진실을 전달하는 데 주요 의미를 둔다. 이에 근거하여 사르트르(Sartre)는 '문학은 바로 인생에 대한 질문'이라고 정의했다.

윤갑수 시인은 문학활동을 통하여 오랫동안 평자(評者)와 깊은 교분을 나눠왔고 평자가 군대생활을 마친 후 처음으로 교편생활을 했던 명문학교를 졸업한 문인이다. 윤갑수 시인은 도량이 넓고 사고가 합리적이며 성품이 온화하고 포근한 문인이다. 그의 첫 번째 시집『바람길』

에 이어 금번에 펴내는 두 번째 시집 『그리움의 사계』에 대한 평설을 연이어 맡게 된 것을 매우 큰 기쁨으로 여기며 큰 걸음으로 그의 시세계를 향해 발걸음을 옮긴다.

1. 애달픈 상념과 덧없는 세월의 감성에 담긴 삶의 입체적 프리즘

시는 삶에 대한 다층적 사유(思惟)와 가슴앓이의 전율에 의해 꽃을 피운다. 시인은 순결한 영혼의 숨결을 채록(採錄)하여 윤기 자르르한 한 올의 금빛 실올을 엮어내는 물레질의 장인(匠人)이다. 한 편의 작품을 위해 시인은 끊임없이 번민하고 갈등하며 그만의 산파적 진통을 극복해간다. 문학작품의 존재이유에는 감흥과 교훈의 두 측면에 있다. 그러기에 T,S 엘리엇(Eliot)의 주장처럼 시인은 작품 속에서 정서와 사상을 등가로 침전시켜야 한다. 시 작품은 작가와 독자와의 거리를 연결짓는 소통의 설계도이다. 보다 능동적이고 효율적인 소통을 위해서는 작품에 투영된 시인의 어조(語調)가 진정성으로 충만해 있어야 한다. 시는 사유의 총합에서 이루어진다. 시의 사유는 감정과 이상 사이에 존재하고, 시와 철학 사이에 존재하는 상관물이다. 이를 올바로 구현하기 위해서는 괴테(Goethe)의 지적처럼 시인들이 창작과정에서 잉크에 너무 많은 물을 타서 쓰면 안 된다. 시는 혈관에 흐르는 뜨거운 피로 쓰는 최상위적 창조물이기 때문이다. 시는 함축과 은유 및 상징으로 구현되는 언어주도의 이미지 예술이다. 이는 상상력의 자유로움과 진동의 언어로 구현하는 내면의식의 층위(層位) 및 의미론적 순환으로 이루어진다.

윤갑수 시인의 제2시집 『그리움의 사계』는 춘하추동 계절별로 그 계절을 주제로 하는 작품을 10여 편씩 배치하고 제5부부터는 자연과 연계한 시적자아 찾기 여정(旅程)과 자연 속에 묻혀 살아가는 삶의 자족감, 자연과 연계한 세월의 뒤안길, 그리운 고향나들이의 시편들로 전체 시집을 구성하고 있다. 이 시집에서 표제시인 「그리움의 사계」는 시집 전체를 아우르고 망라하는 중요 중심 테마(Theme)를 기저로 하고 있다. 이에는 덧없이 흘러간 지난 세월에 대한 애틋함과 되돌릴 수 없는 지난날에 대한 짙은 회한, 영욕의 세월과 함께한 질곡의 삶에 대한 회억(回憶) 등이 정서의 주조(主潮)를 이룬다. 이는 오늘을 영위(營爲)하는 현대시인으로서의 투명한 의식과 인식에 그대로 투영되어 복합적인 프리즘(Prism)으로 조명되고 있다.

멀어져 간다 저 하늘 끝까지
조각구름 흔적 없이 사라지듯
파란 하늘이 눈에 가득
곰삭은 지난날을 다독인다

질곡(桎梏)의 세월들
이름 없는 영욕의 발자국들이
나이만큼 포개어 그리움의 집을
짓듯 주름살로 얼기설기 크고
작은 길을 놓고 있다

바람은 낡삭은 살품을 파고들어
허허한 빈 가슴에 빗장을 열어
달라 애원하지만 무심한 세월은
그리움만 더듬거릴 뿐

빛바랜 추억들이 낙숫물 떨어지듯
더는 되돌릴 수 없다 한다

애닯다
삶의 뒤안길만큼 가슴 언저리에
쌓이고 쌓여 아롱진 그리움으로
되새김질하니 아픔은 사라지고
맷돌처럼 돌고 돌아 강물이 되고
구름이 되어가듯

삶이 다하는 그날까지
희망의 씨앗을 심듯 시의 언어로
하얀 종이에 차곡차곡 사계절의
그리움을 녹여 내린다.

—「그리움의 사계(四季)」 전문

이 작품에서는 감탄과 찬탄의 영탄적 어휘 '애닯다'라는 시어가 시의 전체 이미지(Image)를 이끌어 화소(話素)를 능동적으로 주도해간다. '애닯다'로 대변되는 감정과 정서의 주도적 어휘는 극도로 애달프고 서러운 정황을 뜻한다. 이는 '애달프다'와 '서글프다'라는 시어의 복합적 조어(造語)로서 시적화자의 정서와 감정을 일목요연하게 구상화하는 시인의 언어 응용과 부림에서 탄생한 어휘이다. '애달프다'라는 언어는 애가 닳도록 쓰리고 아픈 정황을 뜻하고 '서글프다'는 마음이 섭섭하고 언짢으며 외롭고 슬픈 정황을 말한다. 이 두 형용사를 자연스럽게 결합하여 '애닯다'라는 시어를 구현해내어 시어로 활용함으로써 서정적자아의 심회를 입체적으로 그려내는 시적 형용이 눈길을 끈다.

삶은 결국 추억과 그리움을 되작이는 일이기도 하다. 이는 나이가 쌓여갈수록 농도가 더욱 짙어지기 마련이다. 삶을 영위해온 지난날 영욕의 발자취는 추억이 되고, 그 추억은 그리움으로 채색되어 되돌릴 수 없는 삶의 저변을 지속적으로 맴돈다. 푸른 하늘을 떠가는 한 조각 구름처럼 곰삭은 날들은 흔적 없이 과거로 사라져가고 나이만큼 희망은 허물어져 주름살로 켜켜이 쌓여져 간다. 결국 산다는 것은 굴곡진 날들을 나이만큼 포개어 놓고 그리움의 집을 짓는 일이다. 시인으로서 화자는 삶의 마지막 순간까지 그리움을 시어로 형상화하여 작품에 녹여낼 것을 다짐함으로써 시인으로서의 정회를 명료화한다. 이 시는 도입부에서 바로 '하늘 끝까지 멀어지는'이라는 극단적인 정황의 비유를 끌어와 무상한 세월에 대한 절박감과 허망한 심회를 여실히 짚어내어 시의 중심세계로 독자를 이끌어간다.

2. 향토적 정서와 토속적 감각으로 구현하는 여백(餘白)의 미감

윤갑수 시인의 제2시집『그리움의 사계』는 계절별 특성에 따른 풍광의 변이(變異)와 자연의 변화, 그리고 그에 어우러진 고향에 대한 단상(斷想), 임에 대한 그리움과 고향에 대한 추억 및 삶의 애환(哀歡), 시적화자의 소망 등으로 기본 골격을 형성하며 중심축을 이룬다. 이들은 상호 적합한 공간에서 다채색 모자이크(Mosaic)를 이루며 상보적(相補的)이고 유기적(有機的) 관계를 형성하여 능률적으로 주제를 선도해가도록 모티브(Motive)를 설정하고 있다. 윤갑수 시인은 깊고 다양한 시선을 통하여 관찰되는 사물과 화자(話者)의 영감에 의하여 감지되는 순간적인 감정 및 생각들을 투명한 렌즈로 채화(採火)하여 하나의 주제를 형성해낸다.

시는 바로 그 시인 자체를 의미한다. 시는 총체적으로 시인이 살아온 삶의 행적이고 인생의 역정일 수밖에 없다. 시는 생동적인 생명체로 작용하고 그래서 존귀하며 소중한 정신적 실체이다. 윤갑수 시인은 느낌과 감성에 충실하고 이를 진솔히 구현하여 작품을 완성해낸다. 그는 진지한 의식과 진솔한 감성으로 시의 양식에 다양한 삶의 양상 및 생에 있어서의 정서와 교감을 다각적으로 형상화하여 이를 시적 미학으로 승화시킨다.

옥녀봉에
운무가 흩어지니
만산이 꽃이로다

바위틈
인고(忍苦)의 세월
이겨내고

올봄도
어김없이 연분홍빛
산꽃이 여울지니

파릇한
고향의 봄소식이
그립구나!

—「계룡산」 전문

석양녘
님의 얼굴 유리창에
얼비추면

황혼 빛
여울진 해당화가
미소 짓고

살갑게
반겨주는 아내의
얼굴처럼

달님이
비시시 눈 비비며
님 마중 하네.

―「님의 미소」 전문

붉은빛
여울진 저물녘
산마루에

빛깔 고운
단풍잎 하늘하늘
속삭이니

우수수
바람결에 흩날리며
울부짖네

어머니
젖무덤처럼 포근하던
가을 녘

설움 한 줌
남겨놓고 가버린
가을사랑.

—「가을」 전문

지리산
노고단에
잔설이 쌓였구나

고사된 주목에도
하얀 눈꽃 피고

햇살 맞으니
주홍 빛 속살
드러나

아픔은
눈물 꽃 피어
서러움을 녹인다.

—「잔설(殘雪)」 전문

시에 있어 여백(餘白)은 시적 요소에서 매우 중요한 의미를 지니며 가치 있는 시의 동인(動因)으로 작용한다. 이 여백의 공간은 곧 사유(思惟)와 상념(想念)과 유추(類推)의 적소(適所)이기도 하다. 이에는 무한한 삶의 양상과 번뇌 및 갈등, 연민의 정념과 자아인식을 비롯한 자기 정체성 확인, 대상과의 교감에서 공유하는 일체의 정서 등이 담겨 여운 있는 작품으로 구현된다. 시는 여백의 공간이 넓을수록 그에 대한 완상(玩賞)과

해석의 여지도 다양해진다. 시는 궁극적으로 여백(餘白)을 창출하는 미학에서 작품의 완성도가 결정된다. 윤갑수 시인의 작품들은 대체적으로 여백의 공간이 넓고 그 넓은 여백의 공간에서 시적 여유와 느긋한 삶의 정취를 창출한다.

윤갑수 시인의 제2시집 『그리움의 사계』에 게재된 대다수 작품들은 고향을 배경으로 하는 향토적 정서와 감각을 주조(主潮)로 하고 있다. 그러기에 시편들이 한결 포근하고 넉넉한 이미지로 다가온다. 고향은 코뚜레와 같은 것이다. 고향은 멍에와 같은 것이기도 하다. 누구나 한 생에서 평생 동안 끌고 가거나 끌려가거나 보듬고 가야하는 애틋한 상징적 대상이다. 문학가에게 고향은 특별한 의미를 갖는다. 고향은 작가에게 작품의 소재를 제공하고 예술적 영감을 고취하며 문학의 감성을 심화하는 화수분 같은 보물창고의 역할을 한다.

위의 시는 계절별로 사계(四季)를 대표하는 작품들이다. 첫 작품은 봄철을 노래한 것으로서 계룡산을 공간적 배경으로 하여 옥녀봉에 흐드러지게 만개한 연분홍빛 꽃의 아름다움을 읊고 있다. 운무가 점차 걷히면서 화사하게 드러나는 꽃의 현신과 바위틈에 뿌리를 내리고 인고의 세월을 견디어 장엄히 산꽃을 피워낸 시적 주체에 대한 찬탄과 연민의 정서가 고향에 대한 그리운 봄소식에 얹혀 생동적으로 그려지고 있다. 둘째 시는 여름을 노래한 작품으로서 석양녘을 시간적 배경으로 설정하고 있다. 황혼 빛을 닮은 해당화의 아름다움과 달이 돋는 정경을 임 마중과 연계하여 시적 정황으로 승화시키며 자연스럽게 작품적 등가(等價)를 드높이고 있다. 석양녘 달이 돋는 정황을 '아내의 미소'에 비유함으로써 살갑게 반기는 주체에 대한 정조(情調)와 함께 자연물에 의탁한 시인의 아내에 대한 정감을 진솔히 드러내고 있다. 셋째 작품은 가을을 대변하는 시로서 단풍잎을 주요 제재로 하여 가버린 사랑의 아픔을 노래하고 있다. 이 작품에서는 빛깔 고운 단풍잎과 바람결에 우수수 흩날리는 낙엽의 대조적 상황을 병치(竝置)함으로써 가을의 극단적인 양면적 특징을 강화하고 있다. 가을의 비유적 개체로 '어머니 젖무덤'을 끌어와 작품으로 구상화하는 시적 우려냄이 눈길을 끈다. 바람에 흩날리는 낙엽처럼 설움을 남겨놓고 가버린 '가을 사랑'이 마음을 아프게 한다. 넷째 작품은 겨울을 노래한 시로서 지리산 노고단을 작품의 배경으로 설정하고 있다. 이 시에서는 '고사(枯死)된 주목'과 '하얀 눈꽃'의 대조적 정황을 이루는 시어가 종결부에 이어지는 아픔과 서러움, 눈물로 연계되며 시적 감성을 더욱 애달픈 정회로 심화시킨다.

윤갑수 시인은 인위적인 꾸밈으로 시의 내면을 치장(治裝)하거나 수사적(修辭的) 기교를 동원하여 시의 외벽을 장식하지 않는다. 그러기에 그의 시는 대체적으로 담백하고 수수하게 전개된다. 이 담백하고 수수한 느낌이 자연경관을 묘사하는 시적 감성과 자연스럽게 조화되어 시의 참맛을 승화시키는 순수한 동인(動因)으로 작용한다. 윤갑수 시인의 작품은 화소(話素)가 진솔하고 토양이 순수하며 얼개가 단단하다. 그의 시는 작품의 본류를 형성하는 고향의식과 토속어, 시골 정서와 농촌풍경 등의 작품적 요소와 이를 형상화하는 시적언어가 난해하지 않고 친근하며 정적인 감각을 한층 고취(高趣)시켜주기에 그윽하고 안옥하고 편안한 정감을 유발한다.

3. 생명존중과 외경의식(畏敬意識)으로 창출하는 휴머니즘의 시학

문학은 인간의 내면을 미학적으로 다루는 총체적 예술이다. 시는 특정한 대상에 대한 내면세계의 변화에 대해 작용하는 미학을 추구한다. 그 과정에서는 문학을 새로운 영역으로 도약하게 하는 고도의 정밀성과 사상적 확대의 사유를 요구한다. 문학은 인간 내면세계의 확장에 기본을 두기에 좋은 작품을 쓰기 위해서는 항구적으로 대상에 대한 연구와 성찰에 천착(穿鑿)해야 한다. 시를 쓰는 것은 천형(天刑)처럼 고되고 힘든 일이다. 시인은 끊임없이 인생, 삶, 근원, 본질의 저변을 찾아가기 위해 노력해야 하기 때문이다. 사르트르(Sartre)가 '실존주의는 휴머니즘(Humanism)이다'라고 강조했는데 시야말로 휴머니즘의 발로이다. 사람이 사람답게 살아야 한다는 당위성에 의해 시인은 시와 싸우고 대화하며 시와 더불어 살아간다. 시의 흐름이 리드미컬한 것은 시어의 천착과 고민의 집중에서 나온 결과이다. 가슴이 타들어야 시는 좋아진다. 시는 영감의 산물이다. 이는 대상이나 느낌에 대하여 끊임없이 집중할 때 한순간 떠오르는 기발한 발상에서 비롯된다. 발레리(Valery)는 이를 '천부의 항행'이라 말한다. 시는 심층적 투사와 정서적 대치, 그리고 방법적 은유로 형성된다. 이에서 투사와 대치는 시의 내면적 요인이며 은유는 시의 외면적 해석으로 이해할 수 있다.

윤갑수 시인의 제2시집 『그리움의 사계』는 모두 서정시로 구성되어 있다. 서정시는 개인적인 감정과 정서를 주관적으로 표현하는데 근간을 둔다. 서정시에서는 특히 시인이 살아온 삶의 행적이 잠재되어 나타나기 마련이다. 그러기에 시는 곧 그 사람일 수밖에 없다. 사람들의 삶이란 결국 사람과 사람 사이, 사람과 사물 사이, 사람과 사회 사이에 얽힌 관계에 다름 아니다. 윤갑수 시인의 제2시집 『그리움의 사계』는 바로 시로 쓴 시인의 자서전이며 자기성찰과 자기 확장, 삶의 구원으로서 시 쓰기의 알찬 결과물이기도 하다.

향기로 영원히 남아
고통(苦痛)의 씨앗 불사르고
기쁨의 꽃을 피우니

가슴 언저리에 남은 슬픔을
다독이며 그대와 함께 가는
이 길

오늘도 예쁜 꽃 하나 눈에
담고 해맑게 웃고 있다

혹여
꽃이 졌다 슬퍼하지 마라
그대 진자리에 희망의 씨앗이
하나둘 영글고 있기 때문이다.

—「그대 가슴 꽃자리」 일부

곱게 핀 꽃이 진다 원망마라
꽃잎 떨군 꽃은 열매 맺기
위함이니 슬퍼할 일도 아니다

삶은 그리움이 쌓여 추억을
만들고 정처 없이 어디론가
두둥실 떠도는 부평초 같은 것

사노라니
삶은 흩어지는 조각구름이요
바람 같은데

꽃처럼
피고 지는 것은 무심한 세월 속
오색 빛 찬란한 영혼의 그림자가
허공에 떠있기 때문이다.

—「부평초(浮萍草)」 전문

위의 작품들은 시적자아의 생명에 대한 존중과 외경의식이 공통분모를 이루며 시적 세계를 구축하는 특징을 보이고 있다. 시적자아의 인식에서 꽃이 진 자리는 희망의 씨앗이 영그는 자리이고, 꽃잎이 지는 것은 열매를 맺기 위한 과정의 필연적 행위로 인식된다. 따라서 낙화(洛花)를 미시적(微視的)이고 현상적 의미보다는 거기에 담긴 심층적이고 총체적인 상황에 주목해야 함을 강조한다. 그러기에 시적화자에게 꽃이 지는 것은 결코 슬픔이 아니다. 예쁜 꽃이 존재하기에, 예쁜 꽃과 같은 시적대상이 존재하기에 가슴을 짓누르는 슬픔을 다독이며 살아가는 고난 속에서도 꽃처럼 환하게 웃을 수 있다. 시적자아는 삶을 정처 없이 떠도는 부평초(浮萍草)같은 것으로 규정한다. 인생을 하늘에 떠도는 조각구름이나 정처 없이 흐르는 바람과 같은 것으로 인지하는 것은 시인 자신이 그런 삶을 살아왔기 때문일 것이다. 그렇게 흐르다가 더러는 머무르고, 그러면서 더러는 하나씩 추억을 만들어가는 것이 인생인 것이다. 시적자아는 넌지시 인생의 덧없음과 회의(懷疑) 및 허무의식을 내비치면서도 확연하게 미래에 대한 희망과 소망의 의지를 다지는 특징을 보인다. 이 세상에 고통 없는 삶이 어디 있으랴. 고통은 삶에 의해 파생하고 꿈은 역설적으로 그 고통에 의해 생성된다. 시적자아에게 있어 인생의 종결점은 바로 새로운 도약을 위한 출발점으로 인식되는 데에서 이 작품의 가치를 격조 높게 논할 수 있다.

4. 직서적이고 역설적인 화법으로 구현하는 실존의식의 화소(話素)

시인은 생의 저변에 축적된 번민과 회의를 통해 심층적 의미를 채록하는 문인이다. 그러기에 시는 의미 있는 진통의 결실로 구현된다. 시인은 내면의식의 층위(層位)를 면밀히 결집하여 시행과 행간을 채색한다. 시 창작을 위해 시인은 부단히 번민하고 갈등하고 사유하며 결실을 위한 진통의 과정을 극복해간다. 겉으로 내보일 수 없는 감상의 편린들을 작품으로 정제하여 형상화하는 작업은 숙연한 일이다. 시는 감성과 이상 사이에 존재하고, 현실과 사유 및 철학 사이에 존재하는 상관물로 정신세계를 구현하는 형이상학적 창조물이다.

시인의 길은 티베트 라싸로 향하는 길과 동일하다. 수행자가 포탈라(Potala Palace) 궁을 향하여 오체투지로 한 발 한 발 다가가듯이 시인의 길 또한 몹시 험난하다. 목적을 성취하기 위해서 수행자에게는 극심한 육체적 고통이 따르고 시인에게는 지난한 정신적 고뇌가 따른다. 그러나 이들은 결국 그 특수한 경험을 통하여 정신적 카타르시스(Catharsis)를 얻는 공통점을 지닌다. 카타르시스는 비극에 등장하는 인물들의 비참한 운명을 보고 간접 경험을 통하여 자신의 두려움과 슬픔이 해소되고 마음이 정화되는 정황을 말한다. 아리스토텔레스(Aristoteles)가 언급한 이 카타르시스야말로 시인이 작품을 통하여 독자에게 베풀어야할 당위적인 책무라 할 수 있다.

사노라니
뭐하나 보여줄 것 하나
없는 삶이 부끄럽지만

그 누가 널
하찮은 풀꽃이라 했더냐

세상에 고운 꽃 피웠으니
그 얼마나 위대함이더냐!

너처럼 나도
여울지게 핀 이름 없는
풀꽃이고 싶다.

—「무명초(無名草)」 부분

한밤중
이유도 모른 채 끌려가
죽창으로 무자비하게 죽어간
동족상잔(同族相殘)의 슬픈
영혼들

여러 날 동안
꽃상여가 꽃밭을 이뤘다던
그곳

무연고 묘지가 빗물에 쓸려
뼈들이 허옇게 드러내 아픔을
들추고 있다

—「꽃밭 모랭이에 묻힌 영혼들」 일부

수많은 이들이 두려움에
사로잡혀 입과 코를 가리고
세상을 굽어보고 있다

언제쯤
신명 나는 세상이 올까
꿈같은 지난 세월이 지금보다
좋았다 하던데

불나방처럼
활활 타오르는 모닥불에
모여든 불장난 같은 이 밤

홀로 불꽃에 삶의 애환을
불태운다.

—「삶의 애환(哀歡)」 일부

위의 작품들은 시집『그리움의 사계』수록 시 중에서 주제의식과 개성이 뚜렷하고 시인의 사유와 삶의 양상이 명시적으로 확연히 구현된 작품들이다. 시「무명초(無名草)」는 이름 없는 풀꽃에 대한 예찬과 찬양의 노래이다. 보는 이 없는 길섶이나 들녘에 피어 무심히 바람에 흔들리는 풀꽃은 그다지 세인(世人)의 주목을 받지 못한다. 풀꽃은 크거나 화사하지 않기에 꽃무리의 주인공이 되지도 못하고 찬란한 조명을 받지도 못한다. 비록 세상에서 알아주진 않아도 풀꽃은 꽃 자체로 존재의미를 갖는다. 풀꽃도 여타의 다른 생명체처럼 꽃 한 송이 피우기 위해 열악한 환경과 맞서 싸우며 전력을 다한 승리의 결과물이다. 그러기에 하찮은 풀꽃이라 해도 결코 하찮은 존재가 아닌 것이다. 꽃은 꽃이라는 것만으로도 확연히 그 가치를 지닌다. 시적자아는 하찮게 여겨지는 풀꽃과 부끄러운 자아상을 동일시하며 감정이입(感情移入)을 대입함으로써 역설적(逆說的)인 화법을 구사한다. 결국 무명초는 하찮은 존재가 아니라 특별한 생명체라는 풀꽃의 존재 의미를 강조하며 풀꽃을 닮고 싶은 시적자아의 소망을 간절히 투영시켜 동일화하는 시적 특성을 구사한다.

시「꽃밭 모랭이에 묻힌 영혼들」은 동족상잔(同族相殘)의 비극과 아픔을 직서적(直敍的) 화법으로 형상화한 뜻 깊은 작품이다. 한밤중에 이유도 모른 채 끌려가 죽창으로 무자비하게 살해된 주검들이 있었다. 그 주검들이 묻힌 무연고 묘지, 비가 내릴 때면 뼈가 하얗게 드러난 백골이 빗물에 흘러내리는 사실적 묘사는 주검 그날의 참상을 더욱 극대화시킨다. 비극적 정황의 현상적 묘사와 우리 민족이 겪어야했던 슬픈 역사의 한 단면이 아프게 조명된 현장성이 가슴을 아프게 하는 작품이다. 시 「삶의 애환(哀歡)」은 시적자아가 당면한 삶을 불나방의 관습적인 습성에 비유하여 형상화한 것이다. 생은 끊임없이 꿈틀대며 변화하는 동적 특성을 지닌다. 그것은 때로 가혹하기도 하고 때론 냉엄하기도 하다. 불나방은 빛을 향해 날아들고 불꽃에 두려움 없이 몸을 내던진다. 빛을 지향하는 작은 곤충의 항용적(恒用的) 관습은 생사를 초탈하는 비장한 차원의 것이다. 시적자아는 당면한 현상적 삶을 불나방의 관습적 행위에 비유하여 극단적인 것으로 규정한다. 그만큼 당시 시적자아는 주어진 삶의 양상과 상황이 척박하여 불나방처럼 험난한 삶을 살아야 했으리라. 화자는 이 세상 삶의 모습을 막장 길로 치닫는 상황으로 규정하면서도 신명나고 살맛나는 세상에 대한 염원을 희구한다. 미국학자 클라크(Clark)는 '야망이 있어야 현재가 보람 있고, 현재를 즐겁게 하는 것은 아름다운 미래 때문이다'라고 역설했다. 미래를 기대케 하는 꿈이야말로 척박한 현실을 인내하고 극복하는 수단으로서 최상의 과즙(果汁)이랄 수 있다. 칸트(Kant)도 행복의 원칙을 말하며 '어떤 일을 할 것. 어떤 사람을 사랑할 것. 어떤 일에 희망을 가질 것'을 강조했다.

5. 아버지, 그 존귀하고 자애로운 추상(追想)과 지난 날의 회억

어버이는 시공(時空)을 초월하여 영원한 시의 주요 테마와 본향(本鄕)으로 자리한다. 우리는 누구나 어버이라는 언어 앞에서 뭉클하고 찌릿하며 파동 치는 감정을 공유한다. 그처럼 어버이는 무한한 희생과 자애와 헌신의 상징적 주체로 자리하기 때문이다.

윤갑수 시인의 제2시집 『그리움의 사계』에서 명시적으로 지칭되는 인명(人名)은 많지 않다. 때로 '엄니'나 '엄마' 또는 '어머니'라는 명칭이 구사되나 이는 시적효과를 위한 비유의 대상이나 현상의 강조를 위해 활용되고 있을 뿐 시의 주체로서 전체에 걸쳐 관류(貫流)하진 않는다. 작품에 따라 몇 군데 등장하는 '아내'라는 용어도 포근하고 따스한 사랑의 이미지로 시를 채색하거나 상념의 회억(回憶)을 상기하는 의미로 작품의 한 장면을 꾸미는데 기여하고 있을 뿐 작품 전체를 주도하진 않는다. 이에 비해 아버지는 고향의 향토적 정서와 함께 본격적인 그리움의 대상으로 노래되고 있어 주목된다. 시집 『그리움의 사계』수록 작품 중에서 아버지를 주체로 하여 추상적(追想的) 정서를 노래한 작품들을 살펴본다.

깜부기 뽑다 얼굴을 검게
분칠하며 놀던 어린 시절

콧수염이 멋지셨던 아버지
나도 내님의 얼굴을 쏘옥
닮아 있었다

한평생 늦둥이 아들 위해
살다 본향으로 가신
우리 님이 보고 싶은 계절

그리움은 바람이 되어 거친
님의 손길로 다가와 허허한
마음을 어루만져주네.

—「아버지의 얼굴」 일부

길섶에 자잘한 망초가 바람에
살랑이고 보리밭에 풀무질하니
보리 내음이 가슴을 파고든다
쫴만 다랭이 논에 물길 내며
넌지시 미소 지며 바라보시던
아버지가 보고 싶은 계절
그리움이 사무쳐 어린 시절을
더듬거리며 되새김질한다.

—「청보리 익어가는 고향(故鄕)」 일부

청보리 꺾어 불던
그리운 죽마고우

그리워 하늘 보니
조각구름 떠가네

햇살이 부서지는
보리타작 추수 날

베적삼 소맷귀
땀을 훔친 바쁜 일손

아버지 환한 얼굴이
만월처럼 반짝이네.

—「보리밭길」 일부

앞의 작품에서 아버지는 모두 보리나 보리밭을 배경으로 하여 그리움의 주체로 노래되고 있다. 한적한 시골에서 보리밭을 가꾸며 농사일에 열중하는 아버지의 일상적인 모습이 선연한 영상으로 비쳐진다. 보리밭은 시적자아가 어렸을 때 깜부기를 뽑아먹으며 놀던 추억의 주된 공간이고 망초가 바람에 살랑이는 길섶에서 푸드득거리며 까투리가 놀라 날아가는 그림 같은 정경의 정겨운 공간이다. 또 보리밭은 초록빛 여울진 날 죽마고우와 함께 청보리 꺾어 피리 불던 천진스럽고 낭만적인 공간이기도 하다. 추억은 되돌아갈 수 없는 지난날에 대한 단상(斷想)이자 되새김의 일환이다. 다시 돌아가거나 돌이킬 수 없기에 추억은 더욱더 소중하고 아름다운 의미를 갖는다. 시적자아가 그리움으로 간직한 영상 속에서 아버지는 다랭이 논에 물길을 내시거나 보리타작 추수마당에서 베적삼 소맷귀 훔치시며 넌지시 웃음 짓는 자애로운 모습의 영상으로 만월(滿月)처럼 명확히 비쳐진다.

윤갑수 시인은 자신이 지닌 아버지상의 상념과 정회를 투명한 언어로 명료화하여 맛깔스럽게 구현해낸다. 이들 작품은 아버지에 대한 단상이 토속적이고 향토적인 배경과 자연스럽게 어우러져 시적 감성을 고양(高揚)시킨다. 승화된 시적 구현을 위해 바탕에 드넓게 펼쳐놓은 자연경관이나 생명체들이 생동적이고 입체적인 감각을 주도하여 시적자아가 희구(希求)하는 정서적 감성과 주제의식을 명료하게 이끌어간다.

모랭이길
돌고 돌아 본향으로
가는 길

흰나비
길라잡이에 꽃상여가
뒤따르고

길섶에 얼굴 붉히며
고갤 떨군 할미꽃

풀밭에
주저앉아 님 오시길
기다리니

그리운
이 길은 이제 마음의
길이 되었네.

—「산모랭이 길」 전문

윤갑수 시인의 제2시집『그리움의 사계』중에서 시집의 대미(大尾)를 장식할만한 작품으로 인식되는 작품이다. 한평생 객지생활을 하다가 나이 들어 본향(本鄕)으로 귀소(歸巢)하는 시적자아의 현상적 모습이 영상의 한 장면처럼 그려진다. 모랭이길 돌고 돌아 당도하는 고향 녘, 길섶에선 할미꽃이 고갤 떨구어 반기고 흰나비가 팔랑팔랑 길라잡이에 나선 길에서 뜻하지 않게 꽃상여가 시적자아를 따른다. 고향을 찾는 발걸음 위로 누군가의 죽음이 드리워진 것이다. 고향으로의 귀환과 누군가의 죽음이라는 상반되고 배치된 이질적 상황이 오랫동안 생각을 끌어가 머물게 한다. 죽음은 슬프고 비극적인 일이다. 할미꽃과 함께 주요 제재로 등장하는 꽃상여의 이미지 배합이 순연하게 시의 물미를 트여준다. 시적자아의 귀향은 결국 기다림과 그리움의 정서로 귀결된다. 이와 같은 귀소본능은 시적자아가 지닌 감정의 추이(推移)일 뿐만 아니라 이 세상을 살아가는 대다수 사람들의 공통된 정서이기도 하리라. 고향은 시가 샘솟는 보고(寶庫)인 동시에 어쩌면 시인이 유일하게 가장 자유로울 수 있는 사색의 공간으로 인식된다.

6. 윤갑수 시인의 작품이 지닌 문학적 관견(管見)

윤갑수 시인의 제2시집 『그리움의 사계』에 수록된 작품의 성향을 정리하면 다음과 같이 요약할 수 있다. 첫째, 모든 작품이 본향을 중심으로 하는 향토적 서정성에 근원을 두고 있는 점이다. 이와 같은 향토적 서정성은 시의 본류를 형성하며 중심 줄기를 형성하여 독자를 고향에 대한 추상과 사색의 현장으로 이끈다. 둘째, 시를 형상화하여 우려내는 주된 시어가 보편적이고 토속적인 성격을 지니는 점이다. 시는 언어로 구현하는 예술이다. 시골을 배경으로 하여 구현되는 작품이기에 시적언어가 서정적이고 토속적인 일상어로 구현되는 것은 합당한 일이다. 추상적이거나 관념적인 시가 대세인 현실에서 타 영역을 기웃거리지 않고 본연에 충실한 시인의 시작태도 또한 바람직하게 인식된다. 셋째, 시의 본류를 형성하는 고향의식, 토속어, 시골 정서, 농촌풍경 등의 작품적 요인이 애틋하고 정적인 정서를 한층 고양시켜 주는 점이다. 그러기에 시인의 작품은 그윽하고 안옥하며 편안한 정감을 느끼게 한다. 넷째, 시적대상에 의미를 부여하여 시로 채록(採錄)하는 소재들이 대체적으로 일상인의 생활 주변에서 원활히 접촉할 수 있는 객관적 상관물(相關物)이란 점이다. 이는 독자들이 거부감 없이 안락한 마음으로 작품에 근접할 수 있는 통로를 개방해준다. 다섯째, 시의 주조를 이루는 주된 정서는 그리움과 기다림이다. 이들 정서는 시 작품 전체를 관류하며 일관함으로써 시적 바탕의 정서를 구축하는데 중심축을 이룬다. 이는 시적자아가 귀소본능(歸巢本能)을 지니고 이를 희원(希願)하는 정황과도 상통된다. 여섯째, 아버지에 대한 애틋한 정서와 회억의 심회이다. 아버지에 대한 상(像)은 대체적으로 보리와 관련하여 구현되는데, 이는 시적자아의 어린 날 회상의 장면과 오버랩(Over Lap)되어 구체화된다. 일곱째, 시적자아의 어조와 목소리가 나직하고 고요하며 잔잔한 점이다. 이러한 어조는 보다 넓은 여백과 사유의 근원으로 작용하며 시를 안락하게 이끌어가고 주제를 명료화하는 요체로 작용한다. 여덟째, 시인은 인위적인 꾸밈으로 시를 치장(治裝)하거나 수사적(修辭的) 기교를 동원하여 장식하지 않는다. 그러기에 시인의 작품은 담백하고 수수한 맛을 풍겨 보는 이를 포근한 감각과 안옥한 정서의 세계로 이끈다.

시는 궁극적으로 삶의 문학이고 사유의 산물이다. 그러기에 시는 위대하고 지고(至高)하며 고상한 지적 가치를 지닌다. 윤갑수 시인의 제2시집 『그리움의 사계』 상재를 진심으로 축하하며, 앞으로도 더욱 격조 높고 품격 있는 시 창작을 통하여 무한한 문학적 광영이 함께하길 기원한다.

문학세계대표작가선 959

그리움의 사계

윤갑수 제2시집

인쇄 1판 1쇄 2022년 2월 15일
발행 1판 1쇄 2022년 2월 22일

지 은 이 : 윤갑수
펴 낸 이 : 김천우
펴 낸 곳 : 도서출판 천우
등 록 : 1992. 2. 15. 제1-1307호
주 소 : 서울시 성동구 무학봉28길 6 금용빌딩 2F
전 화 : 02)2298-7661
팩 스 : 02)2298-7665
http://moonhak.wla.or.kr
E-mail : chunwo@hanmail.net

값 13,000원

ISBN 978-89-7954-860-0